1891

e
s

Siegfried von Vegesack erweckt eine Reihe von urwüchsigen Gestalten aus Altlivland zu neuem Leben und läßt damit eine vergangene Welt erstehen.
Da sind vorweg die Tanten in den Gutshäusern — so etwa Tante Melanie mit ihrem vergilbten Liebesbrief, Tante Locka, die ein Schnurrbart ziert, und die ›Frühlingstante‹. Tante Bella hat einen ›verrückten‹ Onkel geheiratet, den Grafen Zeppelin nämlich, der das Luftschiff erfand. In Orellen residiert Großtante Sonny, doch in diesem Gutshaus, von dem ein besonderer Zauber ausgeht, spukt es; die Faktoten Hanninka und Katzchen wissen Geheimnisvolles und Gruseliges von den Vorfahren zu berichten. In Blumbergshof ist Karlomchen der gute Geist des Hauses. Aber auch die alte Mila, die vom vorausschauenden Sargschreiner Indrik erzählt, und Grischa, der Apfelrusse, gehören zu diesen lebendigen Erinnerungen.

Siegfried von Vegesack

Die Welt war voller Tanten

Mit Zeichnungen

von Lilo Rasch-Nägele

Eugen Salzer Verlag Heilbronn

Die Welt war voller Tanten

Tanten, Tanten, Tanten –
Tanten fern und Tanten nah –
von den lieben Anverwandten
waren immer Tanten da.

Manchmal schrumplig, schmal und schmächtig,
immer tätig, immer nah –
andre waren groß und mächtig –
immer waren Tanten da.

Immer konnte man was lieben –
Tanten fern und Tanten nah.
Ach, wo sind sie jetzt geblieben?
Keine Tanten sind mehr da!

Tante Julinkas Zauberspruch

Es ist merkwürdig, wie zuweilen eine Redewendung, ja sogar ein winziges Wort Erinnerungen an früheste Kindheit in uns wachrufen und Menschen vergegenwärtigen kann, als stünden sie leibhaftig wieder vor uns. So ist es mir kürzlich mit dem Wort ›Strunt‹ ergangen, das in meiner alten Heimat gebräuchlich war und etwas völlig Belangloses bezeichnete. In einem Gespräch fiel das mir altvertraute Wort, das ich lange nicht gehört hatte – und wie durch ein Zauberwort tauchte plötzlich die Erinnerung an meine gute Tante Julinka und eine schreckliche Begebenheit in mir auf, die ich als kleiner Junge bei ihr erlebte.

Mit diesem Wort hatte es folgende Bewandtnis. ›Strunt‹ – so nannte Tante Julinka ein für allemal jedes Mißgeschick, das zu nichtig war, um sich ernstlich darüber aufzuregen oder gar zu ärgern. Ob man einen Klecks aufs Tischtuch machte, einen Teller oder eine Tasse zerbrach, sich in den Finger schnitt oder sich das Knie zerschrammte – alles war ein ›Strunt‹, und schon in diesem Wort lag ein wunderbarer Trost: es war also nichts Schlimmes, nichts Ernsthaftes, auch dann nicht, wenn es weh tat; es war eben nur ein Strunt, und bei einem Strunt wurde nicht geheult, das war Ehrensache.

Ich erinnere mich noch genau an jene denkwürdige Begebenheit, als ich zum erstenmal dieses seltsame Wort von Tante Julinka zu hören bekam. Damals, mit meinen sieben Jahren, werde ich ein recht wehleidiger kleiner Kerl gewesen sein, dem die Tränen immer nahe waren. Und gerade Tränen waren bei Tante Julinka verpönt: alles durfte man bei ihr tun – nur nicht heulen.

Und dann geschah das schreckliche Unglück. Ich hatte mich zum Mittagessen verspätet und kam daher so schnell ich konnte in den Speisesaal gerannt, als eben der alte Diener Heinrich die Bratenschüssel auftrug, so daß ich mit dem Kopf in voller Wucht gegen die Schüssel stieß. Die Schüssel stürzte klirrend zu Boden und ging natürlich in Scherben, während die Koteletts auf das Parkett flogen. Mein Schädel war zwar heil geblieben, tat aber gehörig weh. Doch viel schlimmer als der Schmerz war der Schrecken: was hatte ich angerichtet?! Die Bratenschüssel in Scherben und das ganze Mittagessen, alle Koteletts – lagen verstreut auf dem Fußboden.

Ich war schon im Begriff, in Tränen auszubrechen, als Tante Julinka den kleinen Sünder in ihre Arme schloß und das Zauberwort sprach: »Ach was, Strunt! Zeig mal her: dein Kopf ist ja heil geblieben. Die Schüssel – das ist ein Strunt! Da heult man nicht, dann kann man nur lachen. Ruf schnell die Hunde – die werden sich über die Koteletts freuen.«

Ich vergaß ganz zu heulen, holte die Hunde und sah begeistert zu, mit welcher Gier sie die Koteletts vertilgten und das Parkett abschleckten. Und statt der Koteletts, die ich nicht leiden konnte, gab es dann Eierkuchen – und auf den Schreck sogar noch Zuckerwasser, so daß mein Mißgeschick, jedenfalls für die Hunde und mich, sich geradezu in ein höchst erfreuliches Glück verwandelte.

Außerdem bekam ich an der Stirn eine interessante Beule, die Tante Julinka mit einem großen silbernen Löffel und Kompressen behandelte.

Aber noch mehr als die Beule beschäftigte mich das seltsame Wort. Und am Abend, als ich im Bett lag und Tante Julinka mir gute Nacht sagte, fragte ich sie: »Was ist ein Strunt?«

»Ein Strunt – das ist noch weniger als eine Lappalie.«

»Und was ist eine Lappalie?«

»Eine Lappalie, das ist ein Nichts. Ein Strunt ist also noch weniger als ein Nichts, ein Garnichts! Und merk dir dies fürs Leben: über ein Strunt heult man nicht, da kann man nur lachen.«

Nun, Tante Julinka hat allerlei durchgemacht, was kein Strunt war – in der Bolschewikenzeit, als alles in Scherben ging, nicht bloß eine Bratenschüssel. Aber geheult hat sie nicht.

Es war bald nach der Umsiedlung, 1940 in Posen. Tante Julinka, schon weit über achtzig, sitzt in der Elektrischen, und hier sieht sie zum erstenmal in ihrem Leben einen jungen SA-Mann in brauner Uniform. Staunend betrachtet sie diese noch nie gesehene Pracht und fragt dann lächelnd: »Erlauben Sie mir, junger Mann, eine Frage: Was ist das für eine Uniform, die Sie tragen?«

Worauf der braune Mann stolz erwidert: »SA.«

Tante Julinka läßt sich aber nicht so kurz abfertigen. Lächelnd fragt sie unbeirrt weiter: »Erlauben Sie mir, junger Mann, noch eine Frage, ich kenne mich da nicht aus: Was ist SA?«

Der Braune, empört über solche Unkenntnis, erwidert wütend: »Sturm-Abteilung!«

Aber auch diese Erklärung befriedigt die wißbegierige Tante Julinka nicht. Sie grübelt angestrengt, kann aber den Sinn der rätselhaften Worte nicht begreifen. Und so fragt sie, immer freundlich lächelnd, weiter: »Entschuldigen Sie, junger Mann, noch eine Frage, aber ich kenne mich da nicht aus: Sturm-Abteilung? Was stürmen Sie denn?«

Der junge Mann blieb die Antwort schuldig, bekam einen feuerroten Kopf und zog es vor, während rings alles schmunzelte, an der nächsten Haltestelle auszusteigen. Sogar die damals allmächtige Uniform imponierte der guten Tante Julinka nicht. Sie ließ sich durch nichts einschüchtern und nahm auch die braune Pracht nicht ganz ernst: »Ach was, Strunt! Da kann man nur lachen.«

Solche Bäume wachsen nicht mehr

Tante Locka war wie ein Gewitter, das beständig am Horizont droht. Eigentlich war sie ein Mann, dem der liebe Gott aus Zerstreutheit Röcke wachsen ließ. Sie hatte einen Baß, noch tiefer als der ihres alten Kutschers Maarz, und einen richtigen Schnurrbart. Groß und breit war sie wie ein Stier: ging sie durch den Saal, zitterte das Kristall der Kronleuchter, und lachte sie, so klirrten die Gläser und Kronleuchter.

Tante Locka war immer unterwegs. Von Verwandten zu Verwandten kutschierte sie selbst, während der alte Maarz steif wie eine Pagode hinter ihr saß, und meldete sich niemals an. Hörte man von der Landstraße ihre Glocken, rief gleich alles: »Tante Locka kommt, Tante Locka kommt!« Und sogar der unerschrockene Mojahnsche Onkel begann nervös auf und ab zu gehen.

Und dann kam sie: ein Orkan, der alles vor sich herfegt. Nach der Umarmung sank die blasse Tante Melanie jedesmal auf ein Sofa, und wenn wir Buben Tante Locka nicht richtig die Hand küßten, bekamen unsere Nasen ihren gewaltigen Siegelring zu spüren.

Tante Locka schrieb endlos Briefe, depeschierte, prozessierte und hielt das ganze Land dauernd in Atem und Respekt. Und was sie schrieb, das nahm sie niemals zurück.

Als sie einmal auch den Mojahnschen mit einem derben Brief bombardiert hatte, verbot dieser ihr das Haus.

Welche Bestürzung, als sie gleich darauf vorgefahren kam!

Der Onkel flüchtete in sein Arbeitszimmer, sie stürmte hinter ihm her. »Wo ist der Brief? Was hab ich geschrieben?«

Der Onkel gab ihr den Brief.

Ein Augenblick – und er war in tausend Stücke zerrissen. Und strahlend rief Tante Locka: »Wo ist der Brief? Was hab ich geschrieben?«

Und damit war die Sache erledigt.

Als Tante Locka einmal nach Deutschland fuhr, erklärte ihr der deutsche Grenzbeamte in Eydtkuhnen, daß etwas in ihrem Paß nicht in Ordnung sei und daß sie deshalb nicht nach Berlin weiterreisen könne.

»Nicht weiterreisen?« donnert Tante Locka empört. »Aber ich muß heute abend in Berlin sein!«

Der Beamte zuckt die Schultern. »Tut mir leid, es geht wirklich nicht!«

Aber Tante Locka wankt und weicht nicht.
Endlich verliert der preußische Beamte die Geduld und sagt kategorisch: »Und wenn der Himmel einstürzt, die Dame kommt nicht nach Berlin!«
Tante Locka nimmt sich einen Träger, macht einen kleinen Umweg, steigt in den Berliner Zug und telegrafiert aus Berlin an den Grenzbeamten in Eydtkuhnen: »Himmel nicht eingestürzt – Dame in Berlin!«
Wenn Tante Locka sonntags dem im Saal versammelten Hofgesinde predigte, dann war die Hölle eine wirkliche Hölle, in der noch richtig geschmort und gezwickt wird. Die Mägde heulten, und die Knechte stöhnten, und nicht selten fanden sich am Abend vor der Haustür Dinge, die im Lauf der Woche verschwunden waren.
Als die Revolution ausbrach – die von 1905/06 –, blieb Tante Locka ganz allein mit dem alten Maarz auf ihrem Schloß.
»Mögen sie nur kommen, die Halunken!« hatte sie erklärt.
Und sie kamen. Tante Locka saß im Saal und ließ sie eintreten.
»Die Mützen herunter!« Und man gehorchte. »Nun, was wollt ihr?«
Der dicke Kruming räusperte sich. »Es sollen hier Waffen sein . . .«
»Und da meint ihr, daß ich euch diese Pistole her-

ausgeben werde?« Und dabei hob Tante Locka eine ungeheure Reiterpistole aus dem siebzehnten Jahrhundert drohend in die Höhe und hielt sie dem verdatterten Kruming gerade vor die Nase.

»Einen Schritt – und ich drücke los!«

Da schoben sich die Leute ängstlich zur Tür hinaus.

Als Tante Locka starb und beerdigt wurde, gingen die Bauern des ganzen Kirchspiels mit entblößten Häuptern hinter ihrem Sarge her. Und der alte Maarz sagte: »Eine mächtige Frau. Solche Bäume wachsen nicht mehr.«

Der vergilbte Liebesbrief

Großtante Melanie hatte nicht geheiratet. Einsam lebte sie auf ihrem Gut, eine ruhige, verträumte Frau, von der noch im hohen Alter ein seltsamer Zauber ausging, dem selbst wir – ausgelassene und mutwillige Kinder – uns nicht entziehen konnten. Sie berief uns nie wie die vielen anderen Tanten und Großtanten. Ein stummer Blick ihrer sanften und doch eindringlichen Augen genügte, um jede Unart, jeden Unfug, Trotz oder Eigensinn im Keim zu ersticken.

Wir alle liebten sie, doch unserer Liebe war auch etwas Scheu und Respekt beigemischt, als witterten wir, daß es mit dieser Großtante irgendeine besondere Bewandtnis habe. Etwas Geheimnisvolles, Unbegreifliches lag in ihrem stillen, nach innen gekehrten Wesen, im dunklen Klang ihrer gedämpften Stimme, in jeder Bewegung ihrer feingliedrigen, ringlosen Hände, mit denen sie unermüdlich zu stricken pflegte.

Bei allen anderen Tanten klirrten und funkelten immer unzählige Ringe, Edelsteine, Brillanten,

Armreifen und Goldketten – Großtante Melanie trug nie einen Schmuck. Und gerade deshalb erschienen mir ihre wie aus Elfenbein geschnitzten, schmalen Hände besonders schön, und jedesmal, wenn ich sie küßte, spürte ich den Lavendelduft ihrer zarten Haut.

Als ich einmal Großtante Melanie fragte, warum sie keine Ringe trage wie die anderen Tanten, blickte sie nachdenklich von ihrer Arbeit auf und meinte lächelnd: »Niemand hat mir einen Ring geschenkt, und so bin ich ohne geblieben.«

»Und warum hat man dir keinen Ring geschenkt?« forschte ich weiter. »Wolltest du keinen haben?«

Großtante Melanie hatte sich wieder über ihre Arbeit gebeugt. Nach einer Weile meinte sie leise, als spräche sie zu sich selbst: »Die Ringe, die man mir schenken wollte, die wollte ich nicht; und den Ring, den ich mir wünschte, den hat man mir nicht geschenkt ... Und so bin ich ohne geblieben.«

Daß Großtante Melanie nicht geheiratet hatte, war um so unverständlicher, als sie – nach alten Porträts zu urteilen – in jungen Jahren von ungewöhnlichem Liebreiz gewesen sein mußte. Ja, um Großtante Melanie war irgendein Geheimnis. Das merkte ich auch an verschiedenen dunklen Andeutungen der Eltern, die ich aber damals nicht verstand. Erst viel später, als die Großtante nicht mehr lebte, hat die Mutter mir ihr Geheimnis anvertraut.

Großtante Melanie hatte als junges Mädchen einen Verehrer gehabt, den später so berühmten Victor Hehn. Auch sie liebte ihn – aber dann hatte er sich plötzlich aus einem für sie unerklärlichen Grunde von ihr zurückgezogen und war nie mehr in ihrem Elternhaus erschienen. Doch sie liebte ihn bis an ihr Ende und hat zahlreiche Bewerber abgewiesen, weil sie keinem anderen angehören wollte.

Erst wenige Jahre vor ihrem Tod – Victor Hehn war schon längst gestorben – erfuhr sie, warum er sich zurückgezogen hatte. Und zwar auf eine sonderbare, erschütternde Weise: in einem Wollknaul, den sie aus den Vorräten ihrer Mutter beim Stricken aufwickelte, fand Großtante Melanie als Kern, um den die Wolle aufgerollt war, den völlig zerknitterten und vergilbten Liebesbrief von Victor Hehn, in dem dieser beim Vater um die Hand der Tochter angehalten hatte. Doch der Vater hatte den Bewerber abgewiesen und ihr nichts von dem Brief mitgeteilt.

So erkannte Großtante Melanie erst als alte Frau, daß auch sie geliebt worden war von dem, den sie ihr Leben lang geliebt hatte.

Das Tantenbassin

Dies war das Tantenbassin: Tante Josephine, Tante Constance und Tante Luschen.

Tante Josephine saß in ihrem Lehnstuhl, häkelte, legte Patience und schrieb die Agende.

Tante Constance saß im anderen Lehnstuhl, stickte auf Kanevas und las die ›Palmblätter‹ von Gerok.

Tante Luschen saß nie. Sie schwebte, immer lautlos lächelnd, zwischen Küche und Saal und stellte, kam Besuch, ein Glas Mandelmilch auf den Tisch.

Der ungestrichene, stets schneeweiß gescheuerte Fußboden war von buntgestreiften Dielenläufern überquert, und alle Zimmer rochen nach Thymian, Wacholder und gebackenen Äpfeln. Wenn der Besuch fortging, eilte ein besonders hierfür abgerichtetes Mädchen mit einem feuchten Lappen hinter ihm her und wischte die Türklinken ab.

»Man kann nie wissen«, sagte Tante Josephine, »es gibt so viele Bazillen.« Und da weder Tante Josephine noch Tante Constance und Tante Luschen jemals einen Fuß vors Haus setzten, fühlten sie sich

vor allen Pestilenzen und grassierenden Seuchen geborgen.
Trotzdem war der kleine Doktor Zange vom Doktorat ihr häufigster Besuch. Die Tanten brauchten ihn nicht so sehr als Arzt, sondern als den getreuen Berichterstatter aller Neuigkeiten, die sich im Kirchspiel zutrugen.
»Nun sagen Sie mal, lieber Doktor, was hört man jetzt von dem Bickernschen?« Und Tante Josephines Augen glitzerten vor Neugierde.
Und Doktor Zange erzählte; denn er wußte alles. Er wußte das Neueste vom Bickernschen, das Unglaublichste vom letzten Wohltätigkeitsfest in Lemsal und konnte jedes Menü bis auf die Vorspeisen wie am Schnürchen hersagen.
Tante Josephines Augen kullerten und sprangen fast heraus, wenn der Doktor zum wichtigsten Punkt gelangte: wer wen geführt habe. Und Tante Luschen stellte lautlos ein Glas Mandelmilch mit Rosinenbrot auf den Tisch.
Aber Doktor Zange konnte auch recht ungemütlich werden. Es war damals, als weiß Gott welche wilden Gerüchte von Krieg und Revolution von Hof zu Hof schwirrten und selbst das stille Wasser im Tantenbassin sich zu kräuseln begann.
Da platzte Doktor Zange wie eine Bombe ins Hans. Und immer, wenn Tante Josephine und Tante Constance, von einer Schauermär zur andern ge-

zerrt, nach Atem rangen und, wie vom Schlag gerührt, den kleinen Doktor beschworen – dann schlug dieser sich belustigt aufs Knie, geriet fast in Ekstase und erklärte triumphierend: »Dies ist noch gar nichts!«

Und dann kam das Allerschrecklichste.

Alle möglichen Wanderprediger, Missionsgeistliche und neue Glaubenspropheten fielen auf ihrem Zug durchs Land wie fette Enten ins Tantenbassin ein und schwammen dort lange umher. Lizentiat Pietschke aus Bremen blieb sogar einen ganzen Winter und war nahe daran, Tante Constance zum Kommunismus zu bekehren. »Wir sind allzumal Sünder«, sagte er, »und mangeln des Ruhms.«

Und Tante Josephine trank von nun an den Kaffee immer ohne Sahne.

»Gib, so wirst du empfangen!«

Und Tante Constance schenkte ihre goldene Brosche »für die Armen«.

Als aber immer größere Schätze ins Zimmer des Lizentiaten wanderten, stand eines Tages zu seinem Erstaunen die Kalesche, mit allen seinen Koffern bepackt, vor der Haustür, und Lizentiat Pietschke war nicht wenig befremdet, als Tante Luschen mit den Worten »Sie müssen sich für die Fahrt noch ein wenig stärken!« ihm ein Glas Mandelmilch mit Rosinenbrot auf den Tisch stellte.

Nun legte sich Tante Constance aufs Gesundbeten.

Dazu brauchte man niemand im Hause: ein Telegramm nach Leipzig, heftiges Beten zur bestimmten Stunde, und der Erfolg konnte nicht ausbleiben.

Da erkrankte die Köchin. Eine schlimme Geschwulst nahm immer schreckenerregenderen Umfang an.

Tante Constance betete.

Auch in Leipzig wurde gebetet.

Aber nichts schien zu helfen.

Im letzten Augenblick kam Doktor Zange . . .

Alles verlief glücklich.

Tante Josephine saß in ihrem Lehnstuhl, häkelte ein Jäckchen, legte Patience und schrieb die Agende.

Tante Constance saß im anderen Lehnstuhl, stickte ein Deckchen auf Kanevas und las wieder die ›Palmblätter‹ von Gerok.

Und Tante Luschen schwebte, lautlos lächelnd, zwischen Küche und Mädchenkammer und wärmte am Herd ein paar feuchte Windeln.

Die Frühlingstante

Tante Lisette pflegte wie ein Zugvogel bei uns aufzutauchen, flatterte von Gut zu Gut in der Verwandtschaft umher und ließ sich dann bei ihrem Bruder, Onkel Gottliebchen, für einige Wochen nieder. Und da wir Kinder die Osterferien immer bei Onkel Gottliebchen und Tante Olli verbrachten, waren Frühling und Tante Lisette für uns zu einem Begriff zusammengewachsen: es gab keinen Frühling ohne Tante Lisette und keine Tante Lisette ohne Frühling. Weswegen diese Tante von uns nur die ›Frühlingstante‹ genannt wurde. Die übrigen Jahreszeiten verbrachte sie, wie man damals bei uns sagte, im ›Ausland‹, womit die ganze übrige Welt außer dem Zarenreich bezeichnet wurde: in Dresden, Rom, Nizza, München oder Meran.

Es hieß – aber das erfuhren wir natürlich erst viel später –, daß diese Frühlingstante in ihrem eigenen Frühling mit irgendeinem berühmten Pianisten ziemlich geräuschvoll irgendwohin in südliche Gefilde entflogen sei, und dann war sie eben ein Zugvogel geblieben. Sie brachte etwas von einer anderen, seltsamen Welt in unser abgeschiedenes Dasein, wirbelte abgestandenen Staub auf und gab der ganzen Verwandtschaft für den Rest des Jahres reichlich Stoff zum Sichentrüsten oder Schmunzeln.

Tante Lisette war musikalisch, spielte und sang mit Leidenschaft und Ausdauer ›Frühlingserwachen‹:

»Laßt läuten die Glocken fern und nah, sie sollen frohlocken: der Lenz ist da!«

Dieser Lenz – das Wort war bei uns nicht gebräuchlich – machte uns Kindern viel Kopfzerbrechen. Denn der alte, immer betrunkene Akzisenbeamte hieß Lenz, und wir konnten nicht begreifen, warum die Glocken ausgerechnet für diesen Trunkenbold so frohlocken sollten. Tante Lisette erklärte uns, Lenz sei dasselbe wie Frühling, nur noch poetischer.

Überhaupt schwärmte die Frühlingstante für alles Poetische und Schöne, pflegte den uns Kindern geheimnisvollen Namen ›Goethe‹ bei jeder Gelegenheit mit einer solchen Inbrunst auszusprechen, daß es der nüchternen Tante Olli auf die Nerven ging und sie sich zu dem Stoßseufzer hinreißen ließ: »Erbarmung, dieser alte eklige Joethe!«

Wodurch dieser Name uns Kindern noch rätselhafter und anziehender wurde – besonders, als wir etwas davon aufschnappten, daß dieser »alte ek-

lige Joethe mit so viel Frauenzimmern poussiert« hätte.

Doch Tante Lisettes größte Leidenschaft war, uns in das Reich der Künste, vor allem der Musik und Poesie, einzuführen, und ihr beständiger Traum, uns selbst zu Künstlern zu machen: der eine sollte Maler, der andere Musiker werden, und zu mir sagte sie eines Abends mit glänzenden Augen: »Und du wirst Dichter!«

»Was ist ein Dichter?« erkundigte ich mich betroffen.

»Das ist ein Mann, der Gedichte macht.«

»Und was ist ein Gedicht?«

»Das will ich dir sagen«, mischte sich Onkel Gottliebchen in unsere poetische Unterhaltung. »Paß mal auf. Es ist zwar kein Gedicht von deinem Joethe, aber jedenfalls auch von einem großen Dichter:

Auf dem Felde immer schriller
läßt die Lerche ihren Triller.«

»Aber, Gottliebchen«, schrie Tante Lisette entsetzt auf, »das ist doch keine Poesie. Man sagt ›trillern‹ oder ›jubilieren‹ – aber doch nicht ›läßt ihren Triller‹.«

»Ich finde das ganz besonders poetisch«, beharrte Onkel Gottliebchen eigensinnig, »Lerchen lassen auch sonst allerlei . . .«

Dann flog die Frühlingstante wieder davon. Aber am Tage ihrer Abreise schenkte sie mir ein Poesiealbum, auf dem mit goldenen Buchstaben die vielversprechende Inschrift prangte ›Poesie‹. Dahinein sollte ich dichten.

Ich schlich, die Poesie am Busen verborgen, einsam sinnend über die Felder, lauschte verträumt dem Trillern der Lerchen, aber immer, wenn ich die schönen Reime »jubilieren« und »quinquilieren« zu einem Vers vereinigen wollte, zerstörte das prosaische »läßt ihren Triller« meine poetische Stimmung. So blieb das Poesiealbum leer.

Bis ich, auf Onkel Gottliebchens Rat, meine stolzen Jagderfolge in das Album eintrug: den ersten Birkhahn, den ersten Bock, den ersten Elch. Onkel Gottliebchen meinte, das hätte mehr Sinn als Verse.

Diese Erzählung ist den GESAMMELTEN WERKEN von Siegfried von Vegesack entnommen, erschienen im Albert Langen — Georg Müller Verlag, München.

Großtante Sonny

Von all den vielen Verwandtenhäusern im alten Livland, die ich als Kind kennenlernte, hat keines auf mich einen so tiefen und unauslöschlichen Eindruck gemacht wie das alte Orellen – ein schlichter Holzbau mit silbergrauem Schindeldach und weißen Säulen, um 1730 vom Großvater meines Urgroßvaters, dem Generalleutnant, erbaut. Es gab bei uns ohne Zweifel sehr viel prächtigere und großartigere Herrenhäuser, aber ich kenne keines, von dem ein solcher Zauber ausging. Als ich zum erstenmal als kleiner Junge nach Orellen kam, erschien mir hier alles wie in einem Märchen.

Und wie eine richtige Märchentante war Großtante Sonny, die über neunzig wurde und an die ich mich noch gut erinnern kann. Sie trug ein schwarzes Spitzenhäubchen mit Rüschen und breiten, unter dem Kinn zusammengebundenen Seidenbändern, so daß ihr zartes Gesicht mit den lebhaften Augen und den rosigen Bäckchen immer schwarz umrahmt war. Meist saß sie in ihrem Rollstuhl am Fenster, von wo sie den Hof überblicken konnte, während ihre Hände unablässig strickten. Und immer lag dann ein ›Wunderknaul‹ in ihrem Schoß, der in seinem Innern ein Schokoladentäfelchen enthielt. Wenn der Wunderknaul beim Abwickeln immer kleiner wurde, war es daher sehr spannend, der Großtante bei ihrer Handarbeit zuzusehen. Aber dabei entging ihren noch im hohen Alter scharfen Augen nichts.

Großtante Sonny sah alles, auch das, was man hinter ihrem Rücken tat oder auch nur dachte. Einmal hatte ich im Garten unreife Äpfel gegessen, was streng verboten war. Großtante Sonny hatte es meinem schuldbewußten Gesicht gleich angesehen. Als ich auf ihre Frage meine Sünde gestanden hatte, schalt sie mich nicht. Sie blickte mich nur sehr ernst und traurig an, und das genügte.

Die grünen harten Äpfel rührte ich nicht mehr an.

Nie hab ich ein heftiges Wort von Großtante Sonny gehört. Auch wenn sie sich über irgend etwas geärgert hatte, immer blieb sie freundlich.

Und so wie Großtante Sonny war alles in Orellen: hell, freundlich, sonnig. Selbst an trüben Regentagen war es, als schiene heimlich irgendwo die Sonne.

Auf dem ungestrichenen, weißgescheuerten Fußboden lagen, von einer Türschwelle zur anderen, buntgestreifte Flickendielenläufer, an den Fenstern blühten Goldlack, Alpenveilchen, Azaleen oder Hyazinthen, je nach Jahreszeit, und in den dunklen Wintermonaten, wenn gar nichts blühen wollte, leuchteten überall zwischen den Doppelfenstern auf weißem Moos bunte kleine Strohblumen. Und auch im Winter war in der warmen Wohnstube immer ein ganz besonderer geheimnisvoller Duft: nach Eau de Cologne, mit dem sich Großtante Sonny das Taschentuch und die Hände besprengte, und nach Lavendelsalz, das in einem dunkelgrünen runden Fläschchen neben ihr auf dem Nähtisch stand und das sie zuweilen öffnete, um daran zu riechen. Auch ich durfte dann meine Nase hinhalten und daran schnuppern. So aus der Nähe war es ein beißender Geruch, der mich zwickte, so daß ich niesen mußte.

Großonkel Lorenz, Großtante Sonnys Mann, war schon lange tot. Von ihm hing ein Ölporträt über dem Sofa: ein altväterisch gekleideter Herr mit fröhlichen Kulleraugen, einer langen Nase, spitzem Kinn und lockigem Backenbärtchen, das fast ganz von einem gewaltigen Vatermörder verdeckt wurde. Auch der Rockkragen seines schwarzen Fracks reichte bis zu den Ohren, so daß es aussah, als wäre der Kopf des Großonkels ganz ohne Hals an seinen Körper angewachsen.

Von Großonkel Lorenz, der schon vor einem Menschenalter gestorben war, wußte Großtante Sonny so viel Lustiges und Seltsames zu erzählen: wie er alle Singvögel kannte und zähmte, daß sie auf seinen Ruf angeflogen kamen und sogar die scheuen Nachtigallen und Grasmücken dicht vor seinem Fenster sangen. Auch die Bienen kannten ihn und hätten ihn niemals gestochen; im Garten habe er die seltensten Rosenstöcke gezüchtet und im Park überall schöne Wege angelegt. Und oben, auf der Anhöhe, hatte er ein Tempelchen gebaut, nur um den Sonnenaufgang und -untergang besser beobachten zu können. Und er habe schön die Flöte geblasen, sogar in der Kutsche auf der Reise nach Marienbad.

Von dieser Reise nach Marienbad in der eigenen Karosse, mit sechs Pferden bespannt und vom Kutscher Bogdan gelenkt, den mein Ururgroßvater, der Senateur, für hundert Silberlinge auf dem Markt in Moskau gekauft hatte, wußte Großtante Sonny viel zu berichten. Einmal sei sie mit Großonkel Lorenz sogar über den Simplon gefahren, einen hohen Paß, in der Diligence, und von dort nach Italien, bis nach Rom – in die Ewige Stadt. Und sein ganzes Leben lang habe der Großonkel davon geträumt, einmal nach Spanien zu reisen. Doch erst spät, als schon die Eisenbahn ging, habe er ohne Begleitung die Reise dorthin angetreten. Auch seine Flöte habe er mitgenommen.

»Und als er hier fortfuhr und die Pferde anzogen«, erzählte die Großtante, »beugte er sich winkend aus der Kutsche und rief so fröhlich: ›Granada! Granada!‹ Das waren seine letzten Worte beim Abschied. Doch nur bis Bordeaux ist er gekommen. Dort ist er ganz plötzlich und ganz allein – wahrscheinlich am Herzschlag – gestorben.«
Der arme Großonkel, der so allein in der Fremde sterben mußte, tat mir natürlich sehr leid.
»Wenn er mit seiner Flöte wenigstens bis Granada gekommen wäre!«
»Vielleicht ist er doch nach Granada gekommen«, versicherte die Großtante, »in ein viel schöneres Granada als das, von dem er geträumt hat.«
Manchmal legte Großtante Sonny ihre Handarbeit beiseite und schrieb in einem dicken Buch. Auf dem braunen Ledereinband las ich in goldenen Buchstaben das rätselhafte Wort ›Memoiren‹. Das Buch lag auf einem schrägen, pultartigen Gestell, das am Rollstuhl befestigt war. Dann durfte man die Großtante nicht stören. Aber einmal fragte ich sie doch, was sie da eigentlich schreibe, worauf sie nachdenklich meinte: »Auch dies ist ein Knaul, den ich abwickeln muß – und dieser Wunderknaul ist mein Leben.«
Ach, es gab so viel Seltsames zu entdecken und zu erforschen, im Hause und draußen auf dem Hof und im verwilderten Park, daß ich mich in Orellen

niemals langweilte. Schon das Treppenhaus mit der altertümlichen geschwungenen Stiege und den mit Blumengirlanden und bunten Vögeln bemalten Wänden, die von einem blauen Himmel mit silbernen Sternen überwölbt wurden, war für mich ein Wunder, das ich immer wieder staunend betrachten mußte, wenn ich in mein Mansardenstübchen hinaufstieg.

Doch noch tiefer beeindruckten mich die beiden überlebensgroßen Grenadiere mit ihren prächtigen Uniformen, den hohen spitzen Mützen und langen Schnurrbärten, die vor der Eingangstür zum früheren Arbeitszimmer des Generalleutnants Wache hielten. Diese beiden Grenadiere – erfuhr ich von Großtante Sonny – hätten ihm in der Schlacht von Poltawa 1709 im Nordischen Krieg das Leben gerettet.

»Und nun«, sagte sie, »bewachen die Grenadiere sein Haus, das er vor bald zweihundert Jahren erbaut hat.«

Und vor dem Haus, auf dem Rasenplatz, unter einer mächtigen Eiche, stand sogar eine richtige Kanone mit uraltem eisernem Rohr, das schon halb eingesunken in der Erde und an der einen Seite ganz übermoost war. Doch man konnte noch deutlich die Inschrift auf dem eisernen Mörser lesen.

Da stand geschrieben:

Anna Margaretha heiß ich,
bis Neuermühlen scheiß ich.

Als ich dieses schöne Verschen zum Mittagessen stolz hersagte, fand die Großtante es gar nicht schön.

»So etwas sagt man nicht!«

Trotzdem hab ich es bis heute behalten.

Jede Woche, gewöhnlich am Sonnabend, kam ihr Sohn, Onkel Jul, um nach dem Rechten zu sehen. Onkel Jul und Großtante Sonny liebten sich heiß, wenn es auch zuweilen kleine Kämpfe gab zwischen Mutter und Sohn, die dieser so zu führen wußte, daß die Großtante sich schließlich fügte.

Auch um das Telefon, das grade in der Zeit angelegt wurde, als ich einmal in Orellen war, hatte es erbitterte Auseinandersetzungen gegeben. Für Onkel Jul bedeutete das Telefon eine große Erleichterung. Doch Großtante Sonny sträubte sich gegen diesen »Teufelsapparat«, der nur Unruhe und Lärm ins Haus bringen würde.

»Wenn's klingelt, muß man hinlaufen. Welche Unverschämtheit! Eine Erfindung für Domestiken!«

Doch auch in diesem Fall siegte Onkel Jul, und so kam das Telefon auch bis in diesen abgelegenen Winkel: der Draht lief quer über den Rasenplatz, ein häßlicher Pfosten wurde dicht neben der alten

Kanone errichtet, die es stumm dulden mußte. Und auch die beiden Grenadiere des Generalleutnants rührten sich nicht, als der Draht über ihre Köpfe hinweg in die inneren Räume drang.

Etwas Fremdes war mit dem unheimlichen Draht in die Märchenwelt eingedrungen. Manchmal, im Winter, bei starkem Frost, fing der Draht auf sonderbare Weise an zu summen und zu wimmern. Jetzt telefonierten die Menschen – dachte ich, lief hinaus und preßte das Ohr an den Telefonpfosten. Aber ich konnte die Worte nicht verstehen, nur das klägliche Wimmern und Summen, fast wie ein Heulen, drang an mein Ohr.

Im Sommer saßen die Schwalben auf dem Draht und schwatzten. Sie freuten sich, daß sie endlich eine gute Sitzgelegenheit hatten.

Doch am schönsten war es in Orellen, wenn die Cyrenen blühten und der Jasmin. Der ganze Hof, das alte niedrige Holzhaus, die Gartenzäune – alles versank in einem weißen und lilablauen Blütenmeer, das betäubend duftete.

Und wenn dann abends in dem von Mondschein übergossenen oder im blassen Sternenlicht schimmernden Gebüsch der vielstimmige Gesang, das Schluchzen und Geschmetter der unzähligen Nachtigallen anhob, sich mit dem Cyrenen- und Jasminduft mischte und die fast taghelle Sommernacht wie ein durchsichtiger Schleier durch die offenen Fen-

ster wogte – dann lag das alte schindelgedeckte Haus mit den weißen Säulen wie in einem Märchen da.
Wenn ich heute an jene hellen Sommernächte in Orellen zurückdenke, kommt es mir so vor, als hätte ich das alles in einem anderen Leben erlebt – oder auch nur geträumt. Wer weiß, vielleicht lebten wir damals alle in einer verzauberten Welt – ohne es zu wissen?

Hanninka

Wenn Onkel Jul, wie es manchmal seine Art war, sich über irgend etwas ereiferte, konnte es geschehen, daß Großtante Sonny mit einem Blick auf mich »Attention!« sagte, oder auch, daß sie mich mit irgendeinem Auftrag zu Hanninka schickte.
Ich begriff sehr gut, daß ich nicht zuhören sollte, was die Großen miteinander besprachen, und daß sie Geheimnisse hatten, die sie vor mir verbargen. Manchmal sagte die Großtante auch: »Das ist nichts für deine Ohren«, und gewöhnlich gerade dann, wenn ich sie schon gespitzt hatte. Das kränkte mich natürlich, und Hanninka merkte gleich, daß mir »ein Hase über den Weg gelaufen war«, wie sie es nannte, und ich ließ mich dann gern von ihr trösten. Immer hatte sie etwas für mich: verzuckerte Kranzbeeren, Schmantbonbons oder auch ›Bubliki‹ – kleine knusprige Brotringe, die aufgereiht wie ein Kette an einer Flachssträhne hingen, süßlich rochen und herrlich schmeckten.
Hanninka war die Tochter des Rigaschen Schneidermeisters Hildebrandt. Sie hatte ihre Eltern bald

nach der Geburt verloren und war schon als kleines Mädchen zu Großtante Sonny nach Orellen gekommen. Ganz wie ihre Namenskusine, die alte Kanone, hatte sie Orellen seitdem nicht mehr verlassen. Denn auch Hanninka hieß eigentlich ›Anna Margaretha‹, wurde aber zur Unterscheidung von einem Küchenmädchen Anna ›Hanna‹ genannt, woraus dann ›Hanninka‹ geworden war.

Hanninka war eines jener eigentümlichen Wesen, die es im alten Livland auf jedem Gut gegeben hat und die – ohne eigenen Anhang – mit der Zeit so in die Familie hineinwuchsen, für die sie sich ihr ganzes Leben lang selbstlos abrackerten, daß sie völlig dazugehörten und von den Kindern wie eine zweite Mutter geliebt wurden.

Auch bei Hanninka war es hell und freundlich, und die kleine, sonnige Stube mit den weißen Fenstervorhängen und dem geblümten Kanapee, auf dem ich wie ein Erwachsener neben ihr sitzen durfte, fand ich sehr behaglich. Hanninka trug stets ein blendendweißes Musselinhäubchen, das ihrem hageren, blassen Gesicht mit den ernsten grauen Augen etwas Nonnenhaftes, fast Heiliges verlieh. Ein schmaler Leinkragen umschloß ihren Hals, und ihre Handgelenke steckten immer in weißen Manschetten. Nur an Festtagen oder wenn Besuch kam, trug Hanninka eine Tüllhaube mit seidenen Bändern und Besatz und eine ›Mantille‹ aus schwarzer

Seide. Doch in diesem feierlichen Staat gefiel sie mir lange nicht so gut, und ich glaube, sie selbst fühlte sich auch nicht wohl darin.

Damals muß Hanninka schon über Siebzig gewesen sein, doch ihr ausgemergeltes Gesicht war trotz der vielen Runzeln zeitlos und schien sich nicht mehr zu verändern. Sie hielt sich sehr gerade, bewegte sich schnell mit festen, energischen Schritten und gönnte sich selten ein Ruhestündchen. Auch wenn sie in ihrer Stube auf dem Kanapee saß, war sie immer mit etwas beschäftigt: mit einer Stickerei oder einer sehr feinen Klöppel- oder Häkelarbeit, denn alle Spitzen, die sie an ihrer Musselinhaube trug, machte sie sich selbst.

Wenn ich dann neben ihr auf dem Kanapee saß, an einem Schmantbonbon lutschte oder ›Bubliki‹ knabberte, gab ich ihr keine Ruhe, bis sie mir ›Geschichten‹ erzählte.

»Du bist ein richtiger kleiner Quälgeist«, sagte sie dann, »Geschichten? Wo soll ich die hernehmen? Die kann man ja nicht beim Alksne in der Bude kaufen wie Karamelbonbons, und süß sind meine Geschichten auch nicht; wenn man so viel Trauriges erlebt hat, kann man nichts Lustiges erzählen.«

Grade das Traurige sei so schön, suchte ich sie zu ermuntern und steckte mir ein neues Schmantbonbon in den Mund, bis Hanninka sich endlich erweichen ließ und eine ihrer Geschichten erzählte.

Diese Geschichten waren ganz anders als die der Großtante, auch wenn sie meist von denselben Menschen und Begebenheiten handelten. Bei der Großtante waren auch die traurigen Geschichten niemals richtig schrecklich, und sie gingen immer so aus, daß man zum Schluß doch nur dankbar und zufrieden sein mußte; der liebe Gott wisse besser als wir, was für uns gut ist. Alles hatte seine Richtigkeit, und die Welt blieb in ihrer Ordnung.

Wenn ich dann noch irgendeinen kleinen Zweifel hegte und zum Beispiel Näheres darüber wissen wollte, warum der liebe Gott es zugelassen habe, daß der arme Onkel Max seine nassen Galoschen anbehielt, so daß er ausglitt und vom Gerüst der Isaaks-Kathedrale in Petersburg herunterstürzte – dann verstand es die Großtante, auch dies so zu erklären, daß man dem lieben Gott deshalb keinen Vorwurf machen konnte: denn der Tod des Großonkels hätte vielen anderen Menschen das Leben gerettet. Während des langjährigen Baues der Isaaks-Kathedrale seien unzählige Arbeiter, die Kalksäcke hinaufschleppten, abgestürzt, da die höchst mangelhaften Gerüste unter ihnen brachen. Kurz vor Großonkel Max seien, wie spätere Untersuchungen ergeben hätten, sogar zwanzig Arbeiter auf einmal heruntergefallen. Und um diese armen Leute habe sich niemand gekümmert. Erst als ein Offizier, Großonkel Max, verunglückte, habe der

Herzog von Leuchtenberg, ein Schwager des Zaren, welchem der Bau unterstand, eine strenge Untersuchung angeordnet, durch die die Mißstände aufgedeckt wurden und die eine gründliche Erneuerung sämtlicher Gerüste zur Folge hatte. So habe der Tod von Großonkel Max vielen Arbeitern das Leben gerettet, die sonst ohne Zweifel von den verfaulten Gerüsten abgestürzt wären.

Wenn Hanninka dieselbe Geschichte erzählte, war von solchen tröstlichen und beruhigenden Erwägungen keine Rede. Sie sprach nur vom Toten, der zwei Jahre älter gewesen war als sie, mit dem sie als kleines Mädchen gespielt und später getanzt hatte, wenn er nach Orellen kam. Diesen entsetzlichen Tod des jungen Offiziers konnte sie auch im hohen Alter nicht überwinden. Doch Hanninka beherrschte sich. Nur wenn sie zuletzt erzählte, wie der Sarg in der Heimat ankam, traten Tränen in ihre Augen, und die Stimme drohte zu versagen.

»An einem Winterabend, bei strengem Frost, langte der Schlitten, von vier Rappen gezogen, mit der Leiche hier an. Im Saal wurde der Tote aufgebahrt, damit alle ihn noch einmal sehen und von ihm Abschied nehmen konnten, bevor er auf dem Kapellenberg bestattet wurde. In einem mit rotem Sammet ausgeschlagenen Sarg, mit Gold verziert, lag er wie in einem bequemen Bett, durch den Frost ganz unverändert, mit einem Ausdruck der Freude, als wenn er schon die wahre Heimat schaute. Ich konnte ihn nicht genug ansehen, und eine Stelle in der Bibel, auf die ich zufällig gestoßen war, schien mir wie für ihn geschrieben: ›Seine Seele gefällt Gott, darum eilt sie zu Ihm aus diesem Leben.‹«

Wenn ich sehr darum bat, holte Hanninka aus ihrer Truhe ein Kästchen, in dem, sorgfältig in weißer Seide eingewickelt, die vom Sturz verbogene Epaulette lag. Und auch einen umgebogenen halben Silberrubel, den man in seiner Tasche gefunden, hatte Hanninka als Reliquie aufbewahrt, und ich durfte beides in die Hand nehmen und betrachten.

Wie schrecklich auch diese Geschichte war, so hörte ich sie doch gern, mit einem angenehmen Gruseln, und achtete sehr genau darauf, daß Hanninka nichts ausließ. Als sie einmal die vier Rappen überging, bestand ich darauf, daß auch sie nachträglich erwähnt wurden und daß es Rappen und keine anderen Pferde gewesen seien. Besonders beeindruckte mich der mit rotem Sammet ausgeschlagene Sarg und daß er sogar mit Gold verziert war. Und wenn Hanninkas Stimme zu zittern anfing, umklammerte ich ihren Arm und mußte plötzlich weinen.

Dann zog sie mich an sich und streichelte mich, und weil Hanninka sonst nie zärtlich war, machte mich dies sehr glücklich. Und das tröstete mich mehr als der Gedanke, daß der Großonkel durch

seinen furchtbaren Sturz viele andere Menschen gerettet hätte – die ich ja gar nicht kannte.
Wenn Hanninka erzählte, gefiel mir diese Geschichte viel besser, obwohl sie trauriger war, wie mir auch ihre Schmantbonbons besser schmeckten als die langweiligen Geduldplätzchen von Großtante Sonny. Überhaupt fand ich es bei Hanninka in der kleinen Stube auf dem Kanapee viel gemütlicher als unten im großen Wohnzimmer. Hier, bei Hanninka, gab es nicht diese unübersteigbare Mauer wie bei Großtante Sonny, die Kinder und Erwachsene voneinander trennte. Hanninka sagte nie zu mir: »Das ist nichts für deine Ohren!« oder: »Dazu bist du noch zu klein!« Sie sprach mit mir wie mit einem Erwachsenen und lachte mich nie aus, wenn ich etwas Dummes fragte.
Sehr traurig und doch auch sehr schön war die Geschichte von Onkel Juls Hochzeit, zu der über hundert Gäste aus dem ganzen Land gekommen waren, sogar der Landmarschall, der Gouverneur und ein Großfürst aus Petersburg, und auf der drei Tage und drei Nächte lustig getanzt wurde – und nur Onkel Jul und seine junge Frau wußten, daß sie bald sterben müsse. Denn sie hatte die galoppierende Schwindsucht. Doch die beiden ließen sich nichts anmerken. Und wenige Monate nach der Hochzeit starb die junge Frau; kein Arzt konnte ihr helfen.

»Aber wie kann man tanzen, wenn man sterben muß?« fragte ich verwundert.
Hanninka blickte von ihrer Arbeit auf und sah mich ernst und nachdenklich an. Ihre grauen Augen bekamen einen sonderbaren Glanz. Dann sagte sie leise: »Man kann alles, wenn man nur will – auch tanzen, wenn man sterben muß!«
Großtante Sonny und Onkel Jul sprachen nie von dieser rätselhaften Hochzeit. Nur daß seine Frau ganz jung gestorben war, hatte ich von der Großtante erfahren, und daß sie Tante Vera hieß, eine Tochter von Großonkel Jegor war, der in seiner dritten Ehe eine russische Fürstin geheiratet hatte, so daß diese Tante eine halbe Russin war, wodurch mir diese Hochzeit nur noch rätselhafter wurde.
Wieviel Trauriges und Schreckliches hatte sich hier zugetragen! Die jüngste Schwester von Großonkel Lorenz, Isabel, meine Großmutter, war schon mit neunundzwanzig Jahren, kurz nach der Geburt meiner Mutter, ihres achten Kindes, an Typhus gestorben, ein Bruder, Roderich, als Knabe beim Baden in der Aa ertrunken, und ein anderer, Arthur, starb ganz jung an der Auszehrung – in demselben Mansardenzimmer, in dem ich schlief, wie mir Katzchen, die kleine, bucklige Näherin, erzählt hatte.
Und von Katzchen erfuhr ich noch ganz andere Dinge.

Katzchen

An langweiligen Regentagen, wenn ich nichts anzufangen wußte und Hanninka in der Schafferei oder sonstwo beschäftigt war, schlich ich mich gern zu Katzchen in die Wäschekammer und hockte mich hier auf einen Schemel. Großtante Sonny und Hanninka mochten es nicht, wenn ich in der Wäschekammer bei Katzchen saß; aber gerade deshalb zog es mich dorthin – in eine fremde, ein wenig unheimliche Welt.

Auch Katzchen, die eigentlich Kathrin hieß, war ein Waisenkind und schon früh nach Orellen gekommen. Klein und verwachsen, mit einem großen Buckel, sah sie wie ein Zwerg aus, war aber immer vergnügt und voller Späße und hatte manchmal eine etwas spitze Zunge. Wie alt sie war, verriet sie nicht. Fragte ich sie danach, gab sie stets die gleiche Antwort: »Über hundert Jahre, die schleppe ich auf meinem Buckel. Deshalb ist er auch so groß und mein Rücken so krumm. Aber dafür ist mein Herz noch ganz jung geblieben.«

Welk und grau, wie eine zusammengeschrumpfte

Kartoffel, hockte Katzchen den ganzen Tag in der Wäschekammer, nähte, stopfte, bügelte und hatte dabei auch ihr Mundwerk beständig in Tätigkeit: summte oder sang irgendein Liedchen. Doch ihre kleinen Schlitzaugen konnten unheimlich funkeln wie bei einer richtigen Katze. Und etwas unheimlich war sie selbst, besonders wenn sie ›gruselige‹ Geschichten erzählte: vom ›grauen‹ und ›weißen‹ Gespenst, die mitternachts bei Neumond im Treppenhaus und auf dem Dachboden herumgeisterten und ihren Spuk trieben. Ganz deutlich könne man das Knacken auf der Stiege hören, schleppende Schritte und zuweilen auch ein schauerliches Gepolter oben im ›Tschulanchen‹, der Rumpelkammer.

Der ›Graue‹, das war der Generalleutnant, der das Haus vor bald zweihundert Jahren erbaut hatte und der hier nach dem Rechten sehen müsse: ob seine beiden Grenadiere noch auf ihrem Posten stünden und ob Anna Margaretha, die alte Kanone, die er in hartem Kampf von den Russen erbeutet, noch sein Haus beschütze. Von diesem ›Grauen‹ wußte Katzchen viele abenteuerliche Dinge zu berichten: wie er schon mit elf Jahren in den großen Krieg gezogen, als Trabant unter Karl dem Zwölften bei Poltawa gekämpft habe und mit seinem jungen König bis in die Türkei geritten sei. Nach Friedensschluß hätte Peter der Große den tapferen Trabanten des Schwedenkönigs aufgesucht und ihm keine Ruhe gelassen, bis er das Oberkommando über die russische Armee übernahm. Zum Dank dafür habe der Zar ihm die schönste Hofdame zur Frau gegeben und seinen ersten Sohn zur Taufe gehalten, der nach dem Zaren-Paten Peter genannt worden sei. Und als der große Peter starb, habe der Generalleutnant mit den ersten Würdenträgern des Reiches den Sarg seines geliebten Herrschers zu Grabe getragen. Und als er unter einem anderen Herrscher nicht mehr dienen wollte, habe er seinen Abschied genommen und das Haus in Orellen erbaut, um sich hier mit seiner Frau zur Ruhe zu setzen. Aber gerade, als das Haus fertig war, sei die Frau gestorben. Da er in dem großen Haus aber unmöglich so ganz allein leben konnte, habe er sich in seiner Not an die Brüdergemeine der Herrnhuter gewandt, die ihm durch das Los eine neue Frau bestimmt hätten.

Und von dieser zweiten Frau – der ›Blauen‹, wie sie nach dem blauen Kleid auf ihrem Ahnenbild genannt werde – habe der Generalleutnant, schon hochbetagt, einen Sohn bekommen, den ›Weißen‹, den Senateur und Reichskontrolleur, der siebzehn Kinder und siebzehn Güter besaß.

Auch dieser ›Weiße‹, der doch allen Grund hätte, zufrieden in seinem Erbbegräbnis auf dem Kapellenberg zu liegen, fände keine Ruhe und kutschier-

te noch immer nachts in seiner Karosse, mit seinen berühmten sechs Tigerschimmeln bespannt, von einem Gut zum anderen, wie er es schon bei Lebzeiten getan, um überall nach dem Rechten zu sehen. Und so könne man auch in Orellen manchmal das Gepolter der mächtigen Kutsche und das Schnauben der vorüberjagenden Rosse hören.
Auch von einem ›schwarzen‹ Gespenst wußte Katzchen zu berichten. Und dieser ›Schwarze‹, Großonkel Jegor, war der Unheimlichste von allen. Auch er fand keine Ruhe, und das war begreiflich, wenn man all dem glauben wollte, was Katzchen von ihm erzählte: mit *drei* Frauen – und Katzchen hob drei abgearbeitete, blutleere Finger ihrer kleinen, verknöcherten Hand – mit drei Frauen sei der ›Schwarze‹ verheiratet gewesen, aber keine habe ihm den ersehnten Sohn geschenkt. Entweder wurden die Kinder tot geboren oder sie starben noch ganz klein an irgendeiner Seuche. Da sei es kein Wunder gewesen, daß die Frauen gemütskrank wurden, den Verstand verloren und schließlich früh dahinsiechten.
Doch der ›Schwarze‹ habe erklärt: »Wenn Gott nimmt, dann nehme ich auch!« Kaum war die erste Frau unter der Erde, nahm er sich die zweite und dann die dritte – denn er wollte unbedingt einen männlichen Nachkommen für sein Majorat haben. Endlich schenkte ihm die dritte Frau eine Tochter,

doch den heiß ersehnten Sohn hat er nicht bekommen.

»Und diese dritte Frau«, Katzchen stockte, ihre Schlitzaugen funkelten, und wispernd fuhr sie fort, »diese dritte Frau hat er dem eigenen Bruder abspenstig gemacht, dem armen Max, der sie grade heiraten wollte und sich dann aus Verzweiflung von der Isaaks-Kathedrale herunterstürzte!«

»Aber Hanninka sagt, er wäre ausgeglitten, weil er vergessen hatte, seine nassen Galoschen auszuziehen«, wagte ich einzuwenden.

»Galoschen«, Katzchen kicherte und kräuselte ihre schmalen Lippen, so daß ihre gelben Zähne sichtbar wurden, »Galoschen – das hat man damals gesagt. Aber warum ist er überhaupt auf das Gerüst hinaufgeklettert, was hatte er da zu suchen?! Nein, die Galoschen waren es nicht – der eigene Bruder hat ihn in den Tod getrieben. Im Januar ist er abgestürzt, und schon im Mai hat der ›Schwarze‹ seine Braut geheiratet! Ich erinnere mich ganz genau an alles, obgleich ich damals kaum zehn Jahre alt war. Aber so was vergißt man nicht. Ich habe doch seine Leiche gesehen im roten Sammetsarg, mit der verbogenen Epaulette, die Hanninka sich als Andenken aufbewahrt hat, weil sie ja schon immer ganz vernarrt in ihn gewesen ist. Sie will natürlich nichts davon wissen, daß ihr Max mit dieser russischen Fürstin verlobt war, die dann der ›Schwarze‹

geheiratet hat. Aber ich weiß es: die alte Sappe hat es mir erzählt, und die weiß alles. Sie war doch all die Jahre Mamsell beim ›Schwarzen‹. Was die mir alles erzählt hat ... Doch das ist nichts für deine Ohren. Auch was ich jetzt gesagt habe, mußt du wieder vergessen.

Der ›Schwarze‹ – das kannst du mir glauben – war ein Teufel. Aber wunderbar sah er aus, das läßt sich nicht leugnen, ein Mannsbild, dem alle Weiber nachliefen. Sogar eine Großfürstin soll sich in ihn verliebt haben. Der beste Tänzer seiner Zeit. Auf den großen Bällen im Winterpalais hat er sogar mit der Zarin getanzt. Doch dann hat es auch mit ihm ein böses Ende genommen. Mitten auf dem Hochmoor ist er auf der Jagd verunglückt. Man sagte damals, daß ihn der Schlag getroffen hätte. Aber Juri, der Buschwächter, der dabei war, glaubt es nicht. Wer kann das wissen? Es wird wohl immer ein Geheimnis bleiben.«

Katzchen hatte die Angewohnheit, plötzlich zu verstummen, grade wenn die Geschichte besonders spannend wurde, und dann, nach einer Pause, von ganz anderen Dingen zu reden. Auf diese Weise nahmen ihre Geschichten nie ein Ende, und immer blieb irgend etwas ungeklärt, worüber ich dann grübeln mußte.

Wie war es nun mit dem armen Großonkel Max gewesen? Hatte er sich absichtlich von der Isaaks-

Kathedrale heruntergestürzt oder war er nur ausgeglitten, weil er Galoschen anhatte? Und wie war Großonkel Jegor auf der Jagd verunglückt? War die Flinte im Versehen losgegangen, war er im Moor ertrunken? Und warum war Onkel Juls junge Frau gleich nach der Hochzeit gestorben? Und wenn sie wirklich so krank war, warum hatte sie dann überhaupt geheiratet und sogar noch getanzt?

Als ich von Katzchen Näheres darüber erfahren wollte, schüttelte sie nur den Kopf und meinte: »Das alles ist so traurig, daß man darüber nicht sprechen kann.«

»Und warum hat Onkel Jul nie mehr geheiratet?«

»Weil er seine Frau wirklich geliebt hat. Wirklich lieben kann man nur *eine* Frau ...«

»Der arme Onkel«, seufzte ich, »immer allein – und keine Frau!«

Auch Katzchen seufzte tief. »Keine Frau!«

Und dann, nach einer kleinen Pause, seufzte sie noch einmal tief auf und wisperte in sich hinein, aber doch so, daß ich es hören konnte: »Und keine Mutter!«

Ich begriff nichts. »Aber Großtante Sonny ist doch seine Mutter!«

»Nein, seine richtige Mutter ist sie nicht«, klärte mich Katzchen auf, »nur seine Pflegemutter. Die richtige, eine Schwester von Großtante Sonny, ist gleich nach der Geburt gestorben. Und da haben

Großtante Sonny und Großonkel Lorenz den kleinen Jul ganz zu sich genommen und ihn wie ihr eigenes Kind aufgezogen. Denn sie selbst hatten ja keine Kinder. Und Onkel Jul nennt ja noch heute seine Tante immer ›Mama‹. Seine richtige Mutter hat er nie gekannt . . .«

Mir tat der arme Onkel Jul, der weder eine Frau noch eine richtige Mutter hatte, so leid, daß ich nur mühsam die Tränen zurückhalten konnte und kein Wort hervorbrachte. Katzchen erschrak, als sie sah, was sie mit ihrem losen Mundwerk angerichtet hatte, und suchte mich zu trösten: Onkel Jul hätte keine bessere Mutter haben können als Großtante Sonny; das sei ja alles gar nicht so schlimm. Ich sei doch schon ein großer Junge, mit dem man vernünftig reden könne. Natürlich müsse ich dieses große Geheimnis für mich behalten.

So war ich wieder, ohne daß ich es wollte, hinter ein Geheimnis gekommen: ich wußte etwas, wovon nicht gesprochen wurde, und wer weiß, ob es nicht auch noch andere Geheimnisse gab, die man mir verschwieg? Alles in Orellen war plötzlich anders geworden, so als hätte die Märchenwelt einen Riß bekommen, durch den eine ganz andere, dunkle und unheimliche Welt durchschimmerte. Es war wie im Winter, wenn man die Nase an die vereiste Fensterscheibe preßte und in das Dunkel starrte: drinnen, wo man selbst stand, war es hell und warm – und draußen finster und eiskalt. Es gab eben zwei Welten: eine helle, warme und freundliche, in der man sich wohl fühlte, und dahinter noch eine andere, die dunkel, kalt und unheimlich war und vor der man sich fürchten mußte.

Wie schrecklich war das alles, was Katzchen mir erzählt hatte: von Großonkel Jegor, dem armen Onkel Max und vom schwindsüchtigen Arthur, der in meinem Zimmer gestorben war.

Seitdem war es mir in meinem Bett nicht mehr ganz geheuer. Nachts hatte ich üble Träume, und wenn ich dann mit einem Schrei aufwachte, glaubte ich seltsame Geräusche zu hören, ein Knarren auf der Stiege, ein Stöhnen und Rumoren auf dem Dachboden. Die Gespenster, von denen mir Katzchen erzählt hatte, gingen um: der ›Graue‹, der ›Weiße‹ und der ›Schwarze‹.

Wenn dann aber am Morgen die Sonne hell in meine Mansarde schien, war aller Spuk verflogen. Draußen, vor dem offenen Fenster, schwirrten die Schwalben umher, und auch drinnen, im Stiegenhaus, unter der von einem blauen Himmel mit silbernen Sternen überwölkten Decke flatterten an den von Blumengirlanden umrankten Wänden merkwürdige bunte Vögel, und die beiden Riesengrenadiere mit den spitzen Mützen und langen Schnurrbärten standen noch immer unbeweglich auf ihrem Posten und bewachten das Haus.

In der Wohnstube am Fenster, in ihrem Rollstuhl, saß Großtante Sonny über die Handarbeit gebeugt, als hätte sie die ganze Nacht dort gestrickt. Und in ihrem Schoß lag ein neuer Wunderknaul: die Wunderknaule hörten nie auf. Und jeder hatte sein Wunder, sein Geheimnis: ein Schokoladentäfelchen, ein Schmantbonbon oder gebrannte Mandeln.

Als ich der Großtante die Hand küßte, zog sie mich an sich und strich mir über den Kopf. Ich wollte ihr etwas Freundliches sagen, wußte aber nicht, was. Endlich fragte ich, weil mir nichts Besseres einfiel: »Ruhst du dich denn niemals aus? Hast du keine Ferien?«

Die Großtante, die ihre Strickarbeit wiederaufgenommen hatte, ließ die Hände in den Schoß sinken und sah mich mit ihren großen, leuchtenden Augen ernst und nachdenklich an. Dann sagte sie leise, als spräche sie zu sich selbst: »Ja, bald werde ich mich ausruhen. Bald werde auch ich Ferien haben. Denk dir: eine ganze Ewigkeit Ferien!«

Ich umklammerte ihre Hände, schluchzte auf. »Nein, nein, du darfst nicht sterben . . .«

»Der Tod ist nichts Furchtbares«, suchte sie mich zu trösten. »Sterben müssen wir alle. Und einmal werden wir alle im Himmel vereinigt sein!«

Im Sommer darauf ist Großtante Sonny gestorben, in ihrem zweiundneunzigsten Lebensjahr.

Tante Bella und der Luftschiffonkel

In der Verwandtschaft hieß es, die gute Tante Bella habe einen zwar sehr lieben, aber leider etwas verrückten Onkel geheiratet. Dieser verrückte Onkel hatte ein fixe Idee: ein Luftschiff zu erfinden. Und was das Schlimmste dabei war: er steckte das ganze Vermögen seiner Frau in dieses wahnsinnige Unternehmen. Böse Zungen behaupteten, daß große Waldbestände der prachtvollen Besitzung Alt-Schwanenburg in Livland dem Luftschiff zum Opfer gefallen seien.

Aber dann drang die Kunde von den ersten erfolgreichen Flügen des Oheims ins Land. Der arg geschmähte und verspottete Luftschiffonkel wurde plötzlich zur europäischen Berühmtheit.

Einige Jahre später kam ich als Student zum erstenmal nach Deutschland, nach Heidelberg. Natürlich war es mein brennender Wunsch, diesen sonderbaren Onkel kennenzulernen. Damals, im Sommer 1909, hatte sich eben das Unglück in Göppingen ereignet: das Luftschiff war gegen einen Birnbaum geflogen, wobei die Spitze zertrümmert wurde. So konnte ich das Luftschiff selbst nicht sehen. Aber den Onkel und die Tante traf ich in ihrer alten Wohnung, in der Keplerstraße in Stuttgart, an.

Scheu und ein wenig benommen klingelte ich an der Tür. Der Diener meldete mich. Kaum aber stand ich dem lebhaften Onkel Ferdinand mit den strahlenden Augen und der warmherzigen Tante Bella gegenüber, wich alle Beklemmung. Ich fühlte mich sofort wie zu Hause und wurde mit altlivländischer Gastfreundschaft wie ein Sohn aufgenommen.

Onkel und Tante waren allein. Wir gingen gleich zu Tisch. Der Oheim erklärte mir das Göppinger Unglück und war voll Zuversicht für den nächsten Flug. Die Tante erzählte, wie sie jetzt von allen Seiten zum Trost Geschenke erhielten: Schinken, Geflügel, ja, eine Bäuerin habe lauter besonders lange Eier geschickt, da ihre Hühner, seitdem sie das Luftschiff gesehen, nur noch solche Eier legten.

Nach Tisch wollte ich mir Stuttgart ansehen. Um vier sollte ich in den Herdweg kommen, wo der Onkel mir die neue Villa zeigen wollte, die gerade gebaut wurde. Zum Unglück blieb an diesem Nachmittag meine Uhr stehen, und ich bemerkte es zu spät. Bis ich zum Herdweg kam, war es schon fünf.

Stotternd entschuldigte ich mich.

Der Onkel lachte.

»Bei euch in Rußland gehen wohl alle Uhren eine Stunde nach!« Dann zeigte er mir die Räume, in denen die Handwerker noch arbeiteten, und führte mich in dem eben angelegten Garten umher. Hier konnte ich sehen, wie schlicht und herzlich er mit den Leuten umging, mit diesem und jenem sprach. Über alles wußte er Bescheid, nichts entging seinem scharfen Blick. Dem Gärtner gab er einen Hundertmarkschein und entschuldigte sich, daß er ihn nicht früher bezahlt hatte. »Statt dessen flog ich wieder einmal in der Luft spazieren.«
In das Zeppelinsche Gästebuch schrieb der Heidelberger Student einige Verse, von denen ich noch diese Zeilen behalten habe:

»Statt daß ein Heiligenschein mich bannte,
vor dem man selbst so winzigklein,
saß rechts der Onkel, links die Tante,
und hell war's ohne Heiligenschein!«

Im Sommer 1916 besuchte ich Tante Bella und Onkel Ferdinand wieder einmal in Stuttgart. Es war ein herrlicher, unvergeßlicher Sommertag, den ich damals im schönen Haus am Herdweg verbrachte. Der Oheim war wie immer lebhaft und voll Feuer, aber der Krieg dämpfte doch sein sonst so heiteres Wesen, ein Schatten lag über seinem Gemüt. Daß seine Luftschiffe, die er für friedliche Zwecke, vor allem für Forschungsreisen, erbaut hatte, im Krieg zum Bombenabwurf benützt wurden, bedrückte ihn tief.

Nach Tisch sollte er sich hinlegen. Als Tante Bella ihn dazu bewegen wollte, fragte er mich mit einem Seufzer: »Ist deine auch so streng?« Und dann sprang er mit einem übermütigen Satz auf, stürzte zum Schachtisch, winkte mir spitzbübisch zu, und wir setzten uns zum Spiel. Denn Schach war seine Leidenschaft. Wo ich ihn auch traf, ob in Stuttgart oder im Kaiserhof in Berlin – stets mußte ich nach Tisch mit dem Onkel eine Partie Schach spielen. Und immer verlor ich. Einmal hatte ich ihn schon sehr in die Enge getrieben, aber der Oheim war zäh und ließ nicht nach, bis er mich doch mattsetzte.

»Jetzt schwindet wieder alle Jugend«, sagte er wehmütig beim Abschied. Ich sehe ihn noch in der Tür stehen und mir nachwinken.

Es war das letztemal, daß ich ihn sah.

Einige Monate später, am 8. März 1917, ging ich hinter seinem Sarg, vom Sanatorium des Westens in Berlin, wo er starb, bis zum Anhalter Bahnhof. Er ruht in Stuttgart, auf dem Pragfriedhof. Weder vom Haus in der Keplerstraße noch von dem am Herdweg ist auch nur ein Stein übriggeblieben – und der schöne Traum vom Luftschiff ist für immer ausgeträumt . . .

Grischa, der Apfelrusse

Grischa, der Apfelrusse, ist gekommen, hat im Garten, zwischen den Obstbäumen, ein richtiges Indianerzelt aus dicken Strohmatten aufgeschlagen, in dem er das Fallobst aufsammelt und am Tage, eingewickelt in einen Schafspelz, schläft. Denn nachts muß er wachen. Aber jetzt, mittags, schnarcht er in seiner dunklen Höhle. Wenn ich mich bücke und hineinschaue, kann ich seine faltigen Stiefel und die plumpen, fettigen Pumphosen sehen. Einmal, als Grischa mir einen roten Apfel hinhielt, war ich sogar zu ihm hineingekrochen. Wie es da drin nach Äpfeln, Stroh, Zwiebeln und Schafsfell roch! Aber kein Wort konnte ich verstehen, was der bärtige Russe mit den gelben Zähnen sagte, und so war ich mit dem roten Apfel schnell wieder davongerannt.

Das nächstemal behielt ich den seltsamen Klang der fremden Worte im Ohr. »Jabloko, chotschesch jabloko?« hatte der Russe gefragt, als er mir den Apfel hinhielt. Und dann verstand ich: ›Jabloko‹ heißt Apfel. Komisch. Wie kann ein gewöhnlicher

Apfel einen so verrückten Namen haben? Und die Russen – sind das überhaupt richtige Menschen? Mit solchen komischen Hosen, die wie Säcke um die Knie fallen, und einem Pelz mitten im Sommer?

Einmal hatte Onkel Oscha gesagt: »Ich möchte so lange leben, bis der letzte Russe hinter Kamtschatka ersäuft!« Ob dies der letzte Russe war? Nein, der Apfelrusse soll lieber leben bleiben, dann kann Onkel Oscha niemals sterben.

»Warum kann Grischa nicht richtig sprechen?« fragte ich die Mutter.

»Grischa spricht richtig, aber er spricht Russisch«, sagte die Mutter.

»Und warum spricht er Russisch?« erkundigte ich mich. »Wenn ihn doch niemand versteht?«

»Die Russen verstehen ihn schon«, sagte die Mutter. »Und in Rußland wird man dich wieder nicht verstehen.«

Russen? Grischa war also doch nicht der letzte, stellte ich erleichtert fest: Onkel Oscha wird lange leben! »Gibt es viele Russen?« forschte ich, um ganz sicher zu sein.

»Viele, viele Millionen«, seufzte die Mutter.

»Und alle sprechen Russisch?«

»Ja, das tun sie, und du wirst auch einmal Russisch lernen.«

»Warum?«

»Weil wir zu Rußland gehören«, sagte die Mutter nachdenklich.
»Und warum sprechen wir dann nicht Russisch?«
Die Mutter blickte auf, und ihre Augen bekamen ein besonderes Leuchten. Dann sagte sie ernst und bestimmt: »Weil wir Deutsche sind.«
Ich grübelte noch lange, und als ich in meinem Gitterbett lag und die Mutter mir nach dem Abendgebet den Gutenachtkuß gab, hielt ich ihre Hand fest und fragte: »Warum sprechen die Menschen so viele verschiedene Sprachen?«
»Weil sie die Himmelssprache vergessen haben«, sagte die Mutter und hob langsam den Kopf. »Einmal sprachen alle dieselbe Himmelssprache, aber dann bauten die Menschen einen hohen Turm, und jedes Volk wollte höher sein als das andere. Da vergaßen sie Gottes Wort, und nun versteht kein Volk das andere. Aber einmal«, und die Hand der Mutter strich leise über mein Haar, »einmal werden alle wieder die Himmelssprache sprechen.«
»Auch Grischa?«
»Auch Grischa. Aber wir selbst müssen sie auch lernen.«
Beruhigt schlief ich ein.

Indrik, der Schreiner

Mila, unsere alte, runzlige Kinderwärterin, erzählte uns viele merkwürdige und gruselige Geschichten. Die meisten habe ich vergessen, aber an eine erinnere ich mich noch heute. Das ist die Geschichte von Indrik, dem Schreiner, die uns Mila an jedem Silvesterabend erzählen mußte, wenn wir vor dem brennenden Kamin hockten und aus blanken Zinnstangen unser Glück für das neue Jahr gossen. Der Eimer mit dem kalten Wasser, in den das geschmolzene Zinn zischend hineinplumpste, stand dicht neben dem Feuer, und wir mußten unsere Ärmel hoch aufkrempeln, um es aus der eisigen Tiefe heraufzuholen. Dann nahm die alte Mila das silberne, frisch gegossene Glück in ihre dürren, knöcherigen Hände, prüfte es genau von allen Seiten und wußte jedem etwas Schönes zu prophezeien. Wenn wir aber alle unser Glück gegossen hatten, dann gaben wir Mila keine Ruhe, bis sie uns die Geschichte vom Schreiner Indrik erzählte. Und das tat sie ungefähr mit folgenden Worten:

»Als ich noch ein kleines Mädchen war, wohnte in

unserem Nachbardorf Jaunsem ein einfacher Schreiner, der Indrik hieß. Er wohnte ganz allein für sich in einem niedrigen, strohgedeckten Holzhäuschen, abseits vom Dorf, hinter der Schmiede, schreinerte Betten, Tische und Kleiderkasten und kümmerte sich nicht viel um die Menschen. Da man ihn oft laut mit sich selbst reden hörte, wenn man an seinem Haus vorbeikam, hieß es, daß er nicht ganz richtig im Kopf sei, und wir Kinder hatten immer große Angst, hinter die Schmiede zu gehen, weil wir ihn fürchteten.

Trotzdem liefen wir manchmal, wenn es dunkelte, heimlich am Stangenzaun der Pferdekoppel entlang durch die Weidenbüsche bis an sein Fenster, rannten aber gleich wieder kreischend vor Entsetzen davon, wenn wir den kahlen, großen Kopf hinter der Scheibe erkannten. Denn Indrik hatte einen Totenschädel, kein einziges Haar wuchs ihm auf dem Kopf, und auch sein spitzes Kinn war bartlos.

Aber das Unheimlichste an Indrik war für uns dies: daß er auch Särge schreinerte. Er machte die Särge für die ganze Umgebung, aus schönem harzigem Tannenholz, und deshalb wurde er auch ›Sarg-Indrik‹ genannt. Das Holz aber für die Särge bekam er vom gnädigen Herrn, eurem Urgroßvater, der ihm die Bretter umsonst gab, und die Nägel holte er sich vom Schmied. Er brauchte nur zum Verwalter zu gehen und zu sagen: ›In diesem Jahr habe ich so und so viele Bretter nötig‹ – und dann mußte der Knecht sie auf der Ragge, dem breiten, flachen Schlitten, hinfahren. Und das geschah immer im Januar, nach Neujahr, bei guter Schlittenbahn.«

Wenn die alte Mila in ihrer Erzählung so weit gekommen war, unterbrachen wir sie jedesmal und fragten sie neugierig, obgleich wir wußten, was jetzt kam: »Und wie konnte Indrik im voraus wissen, wie viele Bretter er brauchen würde?«

»Ja, das wußte er ganz genau«, fuhr Mila nach einer Weile fort, während wir weiße Birkenscheite in den Kamin warfen und sie in das prasselnde Feuer starrte. »Denn das war ihm bekannt, wer im nächsten Jahr sterben würde. Und niemals hat er sich geirrt. Er schreinerte die Särge schon im Winter, auch wenn niemand einen bestellt hatte und keiner krank lag. Und immer die richtige Größe, die man später brauchte. Wenn er viel zu arbeiten hatte, sah man noch spät in der Nacht das Licht bei ihm brennen. Dann flüsterten die Leute: ›Heuer gibt es ein großes Sterben – die Arbeit geht ihm gar nicht aus!‹

Und meine Mutter hat mir erzählt, wie es kam, daß der Sarg-Indrik immer wußte, wie viele Särge er zu schreinern hatte. Und das erfuhr er auf folgende Weise: Jedesmal in der Silvesternacht, wenn die andern alle im Krug beim Schnaps saßen, wanderte Indrik auf den Kirchhof, der hinter dem Pastorat lag, dort, wo der große Wald anfängt. Meinem Vater hat er es selbst einmal erzählt, und so hat es auch meine Mutter erfahren.

Hinter der Kapelle stellte er sich dicht an der Mauer auf, und wenn es zwölf schlug und im Krug das lustige Neujahrsschießen und Lärmen losging, dann sah Indrik einen Zug trauriger Gestalten durch die Pforte in den Kirchhof einziehen. Alle waren in lange weiße Tücher gehüllt, wenn sie an Indrik vorüberkamen, wandten sie ihm den Kopf zu, so daß er sie deutlich erkennen konnte, nickten leise und verschwanden hinter den Gräbern. Und in derselben Reihe, wie sie an ihm vorüberzogen, starben sie dann auch in diesem Jahr.

Aber niemals hat der Sargschreiner verraten, wen er im Zuge erblickte; das blieb sein Geheimnis. Nur wenn jemand schwerkrank lag, konnte es geschehen, daß er stumm den Kopf schüttelte: dann wußte man, daß nun nichts mehr zu machen war, als den Sarg zu bestellen. Und der war dann auch meist schon fertig.«

»Und warum wohnte der Indrik immer so allein? Hat er denn niemals heiraten wollen?« fragte dann einer von uns.

»Ja, einmal hat er heiraten wollen«, erzählte Mila, »aber das Mädchen, das Karlin hieß und arm und

sehr hübsch war, wurde von ihren Eltern dem reichen Peter Ohsol, dem Müller und Getreidehändler, versprochen. Die Hochzeit war groß und stattlich, ich habe damals selbst mitgetanzt. Es war am Sonntag nach dem Heiligendreikönigstag.
Wie wir am anderen Morgen heimwanderten, sahen wir noch Licht beim Indrik. Wir hatten etwas zuviel getrunken, waren übermütig und beschlossen nachzuschauen, was er denn jetzt noch in seiner Werkstatt treibe. Und so schlichen wir uns bis ans Fenster und lugten hinein. Nie werde ich vergessen, was ich damals sah: mitten in der Stube stand, hoch aufgerichtet, Indrik mit seinem kahlen, großen Kopf und schwang den Hammer. Vor ihm, auf der Hobelbank, lag ein heller, schmaler Sarg, der schon ganz fertig war. Indrik nagelte ein kleines goldenes Kreuz auf den Sargdeckel. Dieses goldene Kreuz habe ich wiedererkannt, im Herbst, als wir Karlin, die junge Frau, begruben. Sie starb ganz plötzlich, bei der Geburt ihres Kindes.«
Wenn die alte Mila ihre Geschichte vom Sargschreiner beendet hatte, hockten wir noch lange vor dem verglimmenden Kamin und suchten noch mehr über den unheimlichen Indrik zu erfahren. Aber Mila wußte nichts weiter zu erzählen. Sie nahm noch einmal unser funkelndes, frisch gegossenes Glück, wog es nachdenklich in ihren dürren, knöchrigen Händen und sagte leise, wie zu sich selber:

»Wer mag alles in dieser Nacht durch die Pforte in den Kirchhof ziehen? Wie viele Tote bringt uns das neue Jahr? Es ist gut, daß wir es nicht wissen. Gott ist barmherzig. Er sei uns allen gnädig!«

Karlomchen

Wie war dein Name? Wer warst du? Wohin bist du entschwunden? Wir nannten dich ›Karlomchen‹. Auch Vater sagte ›Karlomchen‹. Und jeder rief dich so. Ein jeder rief, und du warst überall: in der Schafferei, am Wäscheschrank, in der Apfel- und in der Rumpelkammer. Aber du saßest auch vor dem Schulpult, zeigtest mit Kastanien, daß zwei und drei stets fünf sind, und erzähltest vom großen und vom kleinen Klaus, wenn wir am Abend das Garn dir hielten, das zum Knaul du wickeltest.

Karlomchen! Noch sehe ich dich mit deinem blauen Lämpchen durch das weite Haus von Tür zu Tür huschen und deinen Buckel an den Wänden zu riesengroßen Flügeln wachsen, die dich in Märchenländer trugen. Noch sehe ich deine Augen, aufblikkend über tiefgezogener Brille, und doch mit kaum bezwungenem Lachen, wenn unser Übermut selbst dir zu bunt ward. Und dann: das rote Bänkchen! Nie ließest du uns im Winkel stehen; dort stelltest du, durch einen Vorhang fremdem Blick verborgen,

das rote Bänkchen hin. Es saß sich gut. Und schnell entwich, durch weichen Sitz gesänftigt, der böse Bock. O Mütter! Fräulein! Gouvernanten! Die ihr dies lesen solltet: vergeßt das Bänkchen nicht! Erbarmet euch der kleinen Sünder! Wer steht, verharrt im Trotz. Wer selbst im Winkel zarte Güte spürt, ist nah der Reue.

Jedoch das Schönste war, Karlomchen, wenn du am Abend mich zum Fenster trugst. Dann zeigtest du die Sterne. Was wußtest du von ihnen zu erzählen?

Wer warst du? Mutter? Schwester? Engel? Kobold oder Fee?

Wir nannten dich ›Karlomchen‹.

Tage, die nie wiederkehren

Was war das Schönste?
Das Treppengeländer rittlings hinunterzurutschen? In der Kleescheune Höhlen und unterirdische Gänge zu graben? Oder im dunklen Wagenhaus unter die weiße Staubdecke zu kriechen, in die alte ›Dormeuse‹, das viersitzige Coupé, zu klettern, den Arm in den breiten Armhänger zu legen und mit der kleinen Glocke, die zum Bock führte, zu klingeln? Wie das in allen Ecken nach Mottenpulver, nach alten Parfüms, uraltem Reisestaub roch! In dieser Kutsche war noch Großtante Ernestine über Königsberg nach Dresden zum Zahnarzt gefahren.
Aber noch schöner war der Heuboden über dem Stall: da lag man versteckt, hatte Sauerampfer oder junge Gurken, die man sich aus dem Garten gestohlen, und war verschwunden, wenn draußen Karlomchen rief. Und dann: das Paradies unter der Gartenveranda. Da wohnten die Igel, Krähen, weiße Mäuse und sogar junge Störche und fraßen aus der Hand.

Aber das Allerschönste war doch, wenn die sechs Apfelschimmel vor die ›Familiendroschke‹ gespannt wurden, ein Ungetüm aus Urgroßvaters Zeiten. Dann ging es an die Aa-Heuschläge.

Wohin ist das entschwunden?

Steht noch das alte Haus mit dem Schindeldach, den weißen Säulen und der breiten Veranda?

Steht noch die ›Dormeuse‹ unter der weißen Staubdecke? Und die Familiendroschke?

Die moosbedeckte Gartenpforte ist geschlossen. Die schmalen grauen Stäbe werfen Schatten über den vergrasten Weg, den niemand mehr betritt.

Inhalt

Von Siegfried von Vegesack sind im Eugen Salzer-Verlag noch weitere Bücher erschienen:

Vorfahren und Nachkommen
Aufzeichnungen
aus einer altlivländischen Brieflade 1689–1887
Dritte Auflage. 464 Seiten. Zwölf Bildtafeln

Die Baltische Tragödie
Roman. *151.–154. Tausend. 512 Seiten*

Der letzte Akt
Roman. *9.–10. Tausend. 288 Seiten*

Der Pastoratshase
Altlivländische Idyllen
66.–70. Tausend. 72 Seiten. Salzers Volksbücher 52

Tanja
Drei Erzählungen aus Rußland. *6.–8. Tausend. 176 Seiten*

Die roten Atlasschuhe
Aus dem Leben meiner Urgroßeltern
6.–10. Tausend. Salzers Großdruck-Bibliothek. Band 16

Der Waldprophet
Geschichten aus dem Bayerischen Wald
11.–15. Tausend. 80 Seiten. Salzers Volksbücher 114

Siegfried von Vegesack liest
30-cm-Langspielplatte 33 1/3 U/Min.

SALZERS VOLKSBÜCHER 168

36.–40. Tausend / 1978

Einband und Illustrationen: Lilo Rasch-Nägele
Satz und Druck: Offizin Chr. Scheufele Stuttgart
Printed in Germany. ISBN 3 7936 0905 7